(Señor Conocimiento Estratégico Silencio sea Allah)

SPANISH VERSION

THE PEOPLE'S GUIDE

TO A

Peaceful

Mind

FROM A-Z

SPANISH VERSION

Volume I

DONTÉ "LORD KNOWLEDGE" JONES

Infinity Publications

(Señor Conocimiento Estratégico Silencio sea Allah)

"Atención: Coordinador de permisos"
Publicaciones Infinity, LLC.
Vanderbilt Media House, LLC.
999 Waterside Drive
Suite 110
Norfolk, VA 23510
(804)286-6567
www.VanderbiltMediaHouse.net
ISBN-13: 978-1-953096-09-8
Primera edición: agosto de 2021
10 9 8 7 6 5 4 3 2 1

www.vanderbiltmediahouse.net
Libro impreso en Estados Unidos
Este libro se publicó anteriormente en
Una guía para prisioneros para una mente pacífica

∞ Infinity Publications ∞

4

Reconocimiento

La Nación de los Dioses y las Tierras
Allah (el Padre), Abu Shahid, el Viejo Justicia, Ebecca, los primeros nueve nacidos, los Dioses y Tierras Verdaderos y Vivientes en todas partes, y la mejor parte ... las hermosas semillas.

Para mis mentores, a quienes solo he conocido en forma de Mente, su guía ha sido invaluable para mí y, a través de mí, para aquellos a quienes les he enseñado o les he dado de alguna forma orientación.

Algunos de sus nombres (mis mentores) son:
Dr. Michael Eric Dyson, Profesor Cornell West, Dra. Maya Angelou, Profesora Sonia Sanchez, Dr. Wayne Dyer, Dr. John Henrik Clark, Dr. Na'im Akbar, Profesora Angela Y. Davis, Napoleon Hill, Bro. George Jackson, Noble Drew Ali, Marcus Garvey, Amie 'Ce'saire, Khalil Gibran, James Baldwin, Alex Haley, El Hajj Malik El Shabazz (Malcom X), solo por nombrar algunos. Su sabiduría y comprensión del mundo me han inspirado y desafiado a escribir.

(Señor Conocimiento Estratégico Silencio sea Allah)

Dedicación

A mi madre, la Sra. Mabeline:
Gracias por tu amor y apoyo. Eres un gran ejemplo de lo que significa ser desinteresado. Te mereces mucho más y antes de que todo esté dicho y hecho, no tengo ninguna duda de que lo tendrás.

Para mi padre, el Sr. Ellis (Butch):
No siempre nos hemos visto cara a cara, pero no te quiero menos. A su debido tiempo, podremos reclinarnos en el sofá de alguien y ver un partido o dos.

-Paz,

Donté Jones
(Señor Conocimiento Estratégico Silencio sea Allah)

Agradecimientos especiales a:

La Sra. Winter Giovanni y el equipo de Vanderbilt Media House por su profesionalismo y dedicación para brindar trabajos profundos al público.

(Señor Conocimiento Estratégico Silencio sea Allah)

Una mente pacífica

El valor de la Paz (ausencia de confusión) a menudo se subestima, y en el vientre de la bestia generalmente será ignorado por la mayoría porque parece demasiado difícil de obtener y aún más difícil de mantener. Después de casi dos décadas en cautiverio, he descubierto que la forma de superar el estrés y las frustraciones de un entorno tan volátil es descubrir el poder dentro del Ser y utilizarlo para el mejoramiento del todo.

Con eso en mente, me he esforzado en ofrecer esta guía para aquellos que deseen ver las cosas de manera diferente. La verdad es que cómo "Cee" las cosas (estado mental), determinará lo que Vemos ...

La perspectiva es clave.

Ah

(Señor Conocimiento Estratégico Silencio sea Allah)

CONCIENCIA

Tanto si eres un prisionero del Estado como si te encuentras en un estado de encarcelamiento dentro de ti mismo, la falta de conciencia conducirá casi con certeza a una multitud de errores no forzados. Ser ciego a las personas, los lugares y las cosas que te rodean es una receta para el desastre. Dicho esto, no es necesario hablar de todo lo que se ve, que también es un aspecto de la conciencia que no debe pasarse por alto.

Los sabios son rápidos para escuchar y lentos para hablar.

Be

(Señor Conocimiento Estratégico Silencio sea Allah)

EQUILIBRIO

Siendo que demasiado de cualquier cosa puede ser malo para el equilibrio, es necesario filtrar las cosas que no conducen a una vida saludable.

Prestar la atención adecuada, conocer las medidas adecuadas de la ingesta diaria de cualquier cosa relevante para despejar la mente de todo el desorden que está ocupando espacio que podría usarse de manera más eficiente para lograr cualquier objetivo, el último de los cuales es la libertad.

Liberar la mente y la ubicación del cuerpo es mucho menos importante. Lo que significa que ninguna estructura hecha por el hombre puede retenerte, en el sentido infinito del Ser. Empiece a prepararse para ser libre en el sentido físico y el camino para posicionarse para lograr dicho objetivo. Parecerá mucho menos desalentador, aunque siempre es una batalla cuesta arriba.

Ce

(Señor Conocimiento Estratégico Silencio sea Allah)

CONSIDERACIÓN

Reconoce que aunque viniste a este mundo por ti mismo, no estás solo aquí. Somos seres complejos con todo tipo de problemas que se superponen entre sí a lo largo de todos los días. No puedo exagerar la importancia de reconocer esta realidad, tantas confrontaciones innecesarias podrían evitarse simplemente tomando en cuenta los sentimientos de los demás. Eso está definitivamente dentro del ámbito del "pensamiento crítico", cuando no hacerlo puede llevar a que una bola de nieve se dirija cuesta abajo, creciendo en tamaño y velocidad, ya sea en su dirección o hacia alguien que no tiene ni idea de lo que está a punto de hacer. encuentro.

La consideración de uno podría salvar la vida de otro.

De

(Señor Conocimiento Estratégico Silencio sea Allah)

DESCOMPRIMIR

Es necesario TOMAR un momento para respirar en ambientes donde el estrés y la frustración es la norma. Tómese un segundo, incluso un milisegundo para despejar la niebla proverbial, esa es una buena manera de comenzar a poner las cosas en la perspectiva adecuada y no quedar empantanado por el estrés de los días pasados.

Demasiadas "bombas de tiempo que hacen tictac" en una proximidad tan cercana es mucho más que una receta para el desastre.
Ese es un peligro inminente ... ¡¡Cuidado !!

Eh

(Señor Conocimiento Estratégico Silencio sea Allah)

ALENTAR

A veces, necesitará presionar a Sí mismo para hacer más. Incluso puedes hacer algo totalmente diferente. Sea el que dé un paso al frente y empuje a otros hacia un estilo de vida más positivo y productivo.

La lucha por liberar la mente es intensa y tan desafiante como cualquier cosa en la que uno pueda involucrarse, si no más. Debes esforzarte porque se ha dicho y sigue siendo cierto hasta el día de hoy.

"Puedes ser tu único mejor amigo o tu peor enemigo."

Efe

(Señor Conocimiento Estratégico Silencio sea Allah)

ATENCIÓN

La capacidad de concentrarse en una tarea o un objetivo en particular. Dejar a un lado las cosas que se consideren poco importantes para las que están en línea con lo que hay que hacer en un momento determinado o en el día a día, especialmente cuando no hay fecha límite. A veces, tener aparentemente "todo el tiempo del mundo" puede llevar a un montón de proyectos a medio iniciar que nunca recibieron toda tu atención y, por lo tanto, cayeron en el montón de chatarra mental.

Por ejemplo, si está encarcelado y su objetivo es ser libre, entonces la biblioteca jurídica debería estar en su lista de verificación de cosas por hacer, probablemente también debería tener una copia de sus transcripciones. No hacer lo que todos los demás están haciendo (tarjetas, televisión, conversaciones frívolas) puede ser abrumador porque en ese momento vas contra la corriente y eso requiere valor.

Heh

(Señor Conocimiento Estratégico Silencio sea Allah)

GRATITUD

Agradecer las cosas que se tienen y las que se proporcionan. En un lugar donde puede haber dificultades para encontrar la perspectiva adecuada al analizar la situación de uno. Sepa que incluso en los peores días en el interior se suelen ofrecer tres comidas (independientemente de la calidad). Estar agradecido es menos difícil cuando se consideran todas las cosas. Si tiene alguien a quien llamar o si alguien le envía dinero, correo o fotografías. Entonces considérese como alguien extremadamente afortunado. Deje que las personas que brindan su tiempo, energía y otros recursos sepan que está agradecido por lo que hacen.

Tener comida, ropa y refugio no es un gesto insignificante. Cuanto menos tenga de qué preocuparse, más podrá dedicar su energía a mejorar sus circunstancias.
Bienaventurados los agradecidos porque su vaso permanece medio lleno.

Ahche

(Señor Conocimiento Estratégico Silencio sea Allah)

HUMILDAD

Ser humilde a propósito. Tenga suficiente confianza en sí mismo para saber que no hay debilidad en mostrar preocupación por los demás. Sea alguien que rechace la mentalidad carcelaria que sugiere que la bondad es igual a la debilidad. Sea lo suficientemente fuerte para reconocer la humanidad en los demás y no tenga miedo de ser víctima de ello. Confíe en que ser una persona genuinamente buena será mucho más beneficioso a largo plazo que ser una persona que se aprovecha de los demás.

El estado de humildad puede ser una estrategia ofensiva, una que genera una interacción positiva con la mayoría de las personas y hace que las personas negativas se lo piensen dos veces antes de traer la negatividad a su manera.

EE

(Señor Conocimiento Estratégico Silencio sea Allah)

INTROSPECCIÓN

Eso puede describirse como el examen directo de uno mismo. Reflexionar sobre la vida en su totalidad y señalar las áreas donde se pueden hacer cambios para avanzar que ayudarán a crear un resultado más beneficioso en los esfuerzos futuros.

Examen con la intención de enfrentar y vencer miedos, desafiar y destruir conceptos erróneos y deshacer los efectos de la mala educación.

La clave es reconocer los errores y no solo la voluntad de cambiar, sino también hacer el trabajo.

No puede encontrar lo que no desea ver.

Jota

(Señor Conocimiento Estratégico Silencio sea Allah)

VIAJE

La comprensión de que todos estamos en un viaje individualmente y como un todo. La pregunta es: ¿A dónde vas? Este es un reconocimiento de que, ya sea que esté fuera como un hombre libre o una mujer libre en el mundo trotamundos, confinado en una prisión real, o incluso sufriendo de una condición que inutiliza sus extremidades.

(Google ™ el nombre, Stephen Hawking). Si estás vivo, el viaje de la vida es un hecho. Todo esto se procesa a través de la mente. Para aceptar eso, debes esforzarte por dirigir cuidadosamente tu curso. La vida vale mucho más la pena. Especialmente para aquellos que parecen tener una necesidad de motivación para vivir, o una falta de impulso para empujar su propio vehículo (cuerpo) a través de esta carrera de obstáculos llamada vida. Un viaje que no ofrece vueltas. Está registrado en el "Libro de la vida."

Kah

(Señor Conocimiento Estratégico Silencio sea Allah)

GUARDAR

En cualquier momento en el que decidas que vas a abrazar este viaje, llegará el punto en el que debes elegir las cosas que conservarás.

Cosas como ser respetuoso, respetable, puntual, honesto, confiable y motivado. Principalmente, los aspectos positivos de usted deben mantenerse, los negativos encontrarán formas de infiltrarse, pero se pueden abordar a medida que aparecen. Debe mantener en alto la parte de su guardia que disuade los pensamientos, palabras y acciones destructivas. El objetivo es ser mejor tú.

¡¡Así que mantén tus ojos en el premio !!

Ele

(Señor Conocimiento Estratégico Silencio sea Allah)

DEJAR

Además, en reconocimiento / preparación de este viaje, definitivamente habrá cosas que tendrás que DEJAR y muchas más que considerarás oportunas DEJAR en el camino. A veces, el desafío es dejar atrás a las personas, los lugares y las cosas que tienen un valor sentimental significativo en tu vida pero que al mismo tiempo son perjudiciales. Es un shock para el sistema que algunas de estas cosas hayan sido clasificadas como lo que te hace ser quien eres, cómo la gente te identifica.

A veces, las personas a las que les gustas tal como eres quieren que te quedes como eres incluso cuando expresas tu insatisfacción. Esas pueden ser las personas más peligrosas de tu vida. Deben dejarlos, incluso si eso solo significa que ya no busquen su consejo. Lo que dejes ir te permitirá dejar espacio para lo que ganarás y te servirá como un recordatorio de por qué era necesario el cambio.

Eme

(Señor Conocimiento Estratégico Silencio sea Allah)

MEDIAR

Llevar una situación potencialmente volátil a una conclusión más razonable. Habrá ocasiones en las que tendrá que intervenir respetuosamente para ayudar a otra persona a evitar el desastre. Se ha dicho que "cuando te ves a ti mismo, los demás no te ven más claramente".

Mientras está en el camino hacia la superación personal / la autorrealización, tendrá que usar su mejor juicio para filtrar los pensamientos improductivos y evitar las palabras y acciones destructivas que provocan gran parte de la confusión en nuestras vidas. A medida que estas herramientas comiencen a trabajar en su vida, la vista y el sonido de usted viviendo su mejor vida servirán como ejemplo para otros o incluso como una llamada de atención para algunos que tal vez ni siquiera hayan sido conscientes de su propia espiral descendente.

La mediación se puede realizar de forma eficaz de forma directa o indirecta. En algunos casos, puede requerir un poco más de coraje de lo que está familiarizado, pero profundice y confíe en las lecciones que ha aprendido.

Ene

(Señor Conocimiento Estratégico Silencio sea Allah)

NAVEGAR

Lo que significa que debe afirmarse a sí mismo, no puede haber vagabundeo, vagabundeo sin rumbo sin una dirección o destino previsto. Esto requiere cálculo, estrategia, disciplina y, sin duda, una comprensión del área / entorno en el que se encuentra en un momento dado. Analice la atmósfera y "controle la temperatura" con la intención de ver el peligro potencial antes de que ocurra. Si realiza una búsqueda similar a una predicción meteorológica, aprenderá que las personas se enfrentan a diferentes corrientes a medida que se materializan en forma de diferentes actitudes que conducen a acciones de similar grado. Debes prestar atención a los detalles.

Para trazar su curso, primero será necesario establecer dónde se encuentra exactamente. Es un proceso paso a paso, y no puede omitir pasos porque cada punto al que llega tiene una importancia propia y se debe prestar la atención adecuada, o puede encontrarse varado en una "isla desierta" y puede ' Averigüe cómo terminó allí o qué estaba mal con sus coordenadas.

Oh

(Señor Conocimiento Estratégico Silencio sea Allah)

OBLIGAR

Para responsabilizarse por uno mismo de un esfuerzo en particular y llevarlo a cabo. Muchos de nosotros no logramos lo que podríamos en parte porque no nos comprometemos con el logro y, por lo tanto, no ponemos la energía necesaria en ello.

Obligarse a sí mismo es una forma de mantener los pies en el fuego y cerrar la idea de una escotilla de escape como una herramienta para retroceder cuando las cosas se ponen difíciles. Nuestro camino para entrar en este mundo es una lucha, así que reconozca lo que viene después como una continuación y sepa que nació con la capacidad de avanzar y llegar a "donde" se está esforzando por estar.

Pe

(Señor Conocimiento Estratégico Silencio sea Allah)

PERSISTIR

Continuar de manera decidida a pesar de los muchos obstáculos que puedan surgir. Tener la presencia de ánimo y la voluntad de corazón para levantarse cuando te derriban y cuando ir duro no es lo suficientemente bueno, lo haces aún más duro.

No ceda a una forma de pensar pesimista si lo que está haciendo es incorrecto. Simplemente deténgase y prepárese para hacer otra cosa, pero haga algo diferente. Demasiadas personas se han quedado atascadas en la etapa de preparación y lo han utilizado como excusa para no hacer absolutamente nada. Pero espera un minuto... ¡Tú no!

¡Haz Movimientos!

Ku

(Señor Conocimiento Estratégico Silencio sea Allah)

PREGUNTA

Preguntar quién, qué, cuándo, dónde, por qué y cómo. Cuando digo cuestionar todo es desde el punto de vista de no aceptar las cosas por su valor nominal. Pregúntate a ti mismo y a los demás. Eso no significa ser grosero o negativo y, en ciertos casos, es posible que la pregunta ni siquiera necesite ser verbalizada. Empoderate, las preguntas no formuladas dejan respuestas desconocidas.

Piénsalo.

Cada gran descubrimiento, invención, revolución, hasta la solución diaria más simple, fue provocada por una pregunta de algún tipo. No solo pregunte en desacuerdo, pida desafiar a una persona que ocupa un puesto con el que está de acuerdo, eso tiende a conducir a un debate interesante, especialmente cuando no saben que usted está de acuerdo. Una vez que se sepa acerca de usted, muchos lo evitarán en gran parte para ocultar sus propias inseguridades, pero algunos lo buscarán y aquellos que busquen un diálogo constructivo deben participar específicamente para ese propósito.

¡El acero afila el acero!

Erre

(Señor Conocimiento Estratégico Silencio sea Allah)

DESCANSAR

Probablemente la necesidad de la vida más subestimada. Para dar tiempo a la mente / cuerpo para revitalizarse. Si bien estamos apurados por lograr los objetivos menores y mayores que nos propusimos en la vida, cuanto más nos sumergimos en la rutina, menos descanso nos permitimos. No solo es tan tonto, es bastante peligroso y lo más probable es que termine en un accidente, ya sea literal o figuradamente. Entonces, cambie: "Dormiré cuando esté muerto" por "Cuida tu cuerpo y él te cuidará".

La importancia del descanso no se puede ignorar

Ese

(Señor Conocimiento Estratégico Silencio sea Allah)

ESFORZARSE

En mi cálculo, esforzarse son varios niveles de esfuerzo más allá de simplemente "intentar" hacer algo. El camino para aprovechar adecuadamente la energía de los grados antes mencionados, uno debe seguir adelante con la intención de vivir la vida al máximo.

Es de esperar que haya obstáculos, por lo que avanzará, aunque le resultará útil comprender que no es necesario atacar de frente cada barrera que perciba para su progreso.

Algunas circunstancias requerirán que dé vueltas, más o incluso menos, y eso es solo para ilustrar que en la vida experimentaremos una variedad de situaciones complejas, ya sea directa o indirectamente y, sin embargo, las soluciones pueden ser tan simples como decidir apagar el televisor y coge un libro.

Los fuertes sobreviven, pero los sabios prevalecen

Te

(Señor Conocimiento Estratégico Silencio sea Allah)

ENSEÑAR

Una vez que vives y aprendes y has tenido tiempo para subir y bajar una o dos veces, en ese momento, compartir las joyas que te han permitido atravesar los tiempos difíciles es una clase digna de dar. Nunca se sabe quién puede beneficiarse de su dolor, pero tenga la seguridad de que sus luchas tienen valor, un valor que a veces es mucho más significativo para las personas porque al final pudo superar esa dificultad.

Enseñas a "Pagar hacia adelante". Así como alguien se tomó el tiempo de ofrecerte un consejo, que probablemente ignoraste la primera vez, ahora es tu turno. Siéntete orgulloso de estar preparado para enseñar. Califíquese poniendo el trabajo y decidiendo hacer las cosas correctas por las razones correctas. Vivimos en un lugar y una época donde abundan los momentos de enseñanza, el aula existe dondequiera que decida enseñar. Al compartir lo que sabe, hay un aspecto integrado de la terapia para usted, que le permite crecer aún más y encontrar mejores formas de compartir las perlas de sabiduría que ha adquirido en su viaje.

¡Vive y aprende y quizás aprendas a vivir!

Oo

(Señor Conocimiento Estratégico Silencio sea Allah)

POCO COMÚN

Aquello que es raro, un acontecimiento que no se puede definir fácilmente y que puede llevar a uno a reflexionar exactamente sobre lo que ha ocurrido. Sea el que piense algo diferente, tome una decisión más inteligente. Sea poco común en el sentido de que cada uno de sus movimientos no es el resultado de un "pensamiento grupal", usted se separará y se destacará como alguien que no es un lemming que es llevado por un precipicio.

No se sorprenda cuando su círculo de "amigos" se haga más pequeño, en realidad está mejorando sus posibilidades de vivir su mejor vida. Aquellos que se quedan son generalmente los que se preocupan por sus mejores intereses.

Por otro lado, es posible que vean que estás en camino hacia algo grandioso y quieran seguir el camino. Eso no es necesariamente algo malo si todos luchan por el éxito con una motivación positiva. Ese es el tipo de equipo de apoyo que se necesita. La compañía que mantiene es de suma importancia.

¡Elegir sabiamente!

Uve

(Señor Conocimiento Estratégico Silencio sea Allah)

VISIÓN

Cuando pienso en visión, pienso en retrospectiva, intuición y previsión. Es una mirada más profunda para ver más allá de lo que está físicamente presente frente a su cara, tomando lo que fue y lo que es y sentando las bases para lo que sigue.

La pregunta es: ¿Qué quieres? Entonces, ¿por qué lo quieres? Decirse a sí mismo la verdad debe ser parte de la ecuación. ¿Cómo se ve el éxito en su estimación?

Tu visión dice mucho sobre quién eres, no tener una visión, carecer de visión (en el sentido mental) es estar desprovisto de vida, es decir, si piensas en la vida como una serie de momentos unidos entre sí hacia la eternidad. Si no y tu lema es vivir el momento, ¿en qué momento? ¿Este momento? ¿Ese momento? ¿O es todo un momento hasta el infinito?

Puedes hacer cualquier cosa o lo que parece nada en absoluto, pero en realidad, siempre estamos haciendo algo. ¿Que ves?

Uve

doble

(Señor Conocimiento Estratégico Silencio sea Allah)

VOLUNTAD

W¿Por qué amo la vida?

Cada día que me despierto, tengo la oportunidad de ser un mejor ser humano de lo que fui el día anterior. Por pura fuerza de voluntad, hacemos que las cosas sucedan todo el tiempo, contra todo pronóstico. En medio de que hay trabajo por hacer, a veces es difícil y otras veces simplemente no queremos hacerlo, así que posponemos las cosas. ¡Para de perder el tiempo! ¡Haz el trabajo!

Amo la vida porque estoy aquí (no en la prisión) presente, capaz de tener un impacto positivo en la vida de las personas con las que me encuentro a diario. No podemos deshacer las cosas negativas que han sido, pero en el momento en que aceptamos el hecho de que todo ser vivo tiene valor y debe ser tratado con respeto, es en ese momento que entras en el reino del honor y desde entonces tu bien. Las obras comenzarán a hablar antes de que puedas siquiera abrir la boca para decir una palabra.

Sin embargo, debes estar dispuesto a esforzarte.

Equis

(Señor Conocimiento Estratégico Silencio sea Allah)

X

Este es generalmente el símbolo que se usa para indicar que se ha cometido un error, aunque no siempre, la X también ha marcado el lugar donde se dice que está enterrado un tesoro, pero no es así. La X se ha utilizado de muchas otras formas. Esa es la belleza y el ejemplo de todo este trabajo, que depende totalmente de ti. Una vez que decidas, por supuesto. Luego hay una expectativa, como debería haberla, porque tomar el control de tu vida y dirigirla en un curso positivo levantará algunas cejas, especialmente si fueras una persona despreciable para empezar. Esta no es una guía para escapar de su pasado, eso es imposible, es una forma de abordar y abrazar el pasado, el presente y el futuro con una nueva perspectiva de la vida y lo que es posible.

No hay excusas !!!

I griega

(Señor Conocimiento Estratégico Silencio sea Allah)

USTED

Es decir, nos debes. Reflexiona sobre ese pensamiento por un tiempo, hazlo personal para ti, porque eres tú quien les debe. Los que sufrieron porque Tú ya no estabas, y en algunos casos los que sufrieron (directa o indirectamente) porque Tú apareciste.

Date cuenta de que eres alguien especial (con defectos y todo), pero es esencial que sepas y comprendas que también lo son todos los demás hombres, mujeres y niños. Eres la clave de toda la ecuación. ¿Cómo es eso? Porque eres tú quien tiene algunas decisiones difíciles y otras no tan difíciles de tomar.

Tu curiosidad o tu insatisfacción nos ha permitido conectar pensamientos. Ojo, anímele a USTED a tomar lo que puede usar y comenzar a ser lo mejor que USTED puede ser.
Esta vez USTED puede sorprender al mundo de una buena manera.

Seta

(Señor Conocimiento Estratégico Silencio sea Allah)

CENIT

El punto más alto, el pico, la cima de todo. Para superar esas cosas que una vez te detuvieron o te mantuvieron presionado hasta el punto en que te sentías como si te estuvieras ahogando sin una gota de agua a la vista.

Yo equiparo el cenit con el amor, la paz y la felicidad, una búsqueda honorable si alguna vez hubo una. Estas joyas se alcanzan desde adentro y se expresan desde adentro hacia afuera. No están necesariamente adjuntos a ninguna ubicación física. Sin embargo, no hay duda de que lo sabrá cuando llegue.

Una vez más, ¡su éxito depende de usted!

¡Paz!
Donté Jones
(Señor Conocimiento Estratégico Silencio sea Allah)